Estimado padre:
¡Aquí comienza el amor por la lectura de su hijo(a)!

Cada niño aprende a leer de una manera diferente y a su propio ritmo. Usted puede ayudar a su nuevo lector a mejorar su lectura y sentirse más confiado al alentar sus propios intereses y habilidades. Además, también puede guiar el desarrollo espiritual de su hijo(a) mediante la lectura de historias de la Biblia y libros basados en los principios bíblicos, como los de la serie ¡Yo sé leer! que publica Editorial Vida. Ya sea que se trate de libros que su hijo(a) lee juntamente con usted o de aquellos que lee sin ayuda, la serie ¡Yo sé leer! posee ejemplares para cada etapa del aprendizaje.

LECTURA COMPARTIDA
Lenguaje básico, repetición de palabras, ilustraciones divertidas, ideal para compartir con su incipiente lector.

PRIMERAS LECTURAS
Frases cortas, palabras conocidas y conceptos sencillos para niños deseosos de leer solos.

LECTURA CON AYUDA
Historias interesantes, frases más largas y juegos de palabras para lectores en desarrollo.

LECTURA PERSONAL
Tramas complejas, vocabulario más complicado y temas de gran interés para los que ya leen solos

LECTURA AVANZADA
Párrafos cortos, capítulos y temas emocionantes. Una excelente transición a los libros con capítulos.

Desde 1957 los libros de la serie ¡Yo sé leer! les han ofrecido a los niños el placer de la lectura. Escritos e ilustrados por autores galardonados, y presentando una gran variedad de queridos personajes, los libros ¡Yo sé leer! constituyen un excelente fundamento para los que se inician en la lectura.
Toda una vida de descubrimientos comienza con las palabras mágicas: ¡Yo sé leer!
Visit www.icanread.com for information on enriching your child's reading experience.

Visit www.zonderkidz.com for more Zonderkidz I Can Read! titles.

Dear Parent:
Your child's love of reading starts here!

Every child learns to read in a different way and at his or her own speed. You can help your young reader improve and become more confident by encouraging his or her own interests and abilities. You can also guide your child's spiritual development by reading stories with biblical values and Bible stories, like I Can Read! books published by Zonderkidz. From books your child reads with you to the first books he or she reads alone, there are I Can Read! books for every stage of reading:

SHARED READING
Basic language, word repetition, and whimsical illustrations, ideal for sharing with your emergent reader.

BEGINNING READING
Short sentences, familiar words, and simple concepts for children eager to read on their own.

READING WITH HELP
Engaging stories, longer sentences, and language play for developing readers.

READING ALONE
Complex plots, challenging vocabulary, and high-interest topics for the independent reader.

ADVANCED READING
Short paragraphs, chapters, and exciting themes for the perfect bridge to chapter books.

I Can Read! books have introduced children to the joy of reading since 1957. Featuring award-winning authors and illustrators and a fabulous cast of beloved characters, I Can Read! books set the standard for beginning readers.
A lifetime of discovery begins with the magical words: I Can Read!

Visit www.icanread.com for information on enriching your child's reading experience.

Visit www.zonderkidz.com for more Zonderkidz I Can Read! titles.

La misión de Editorial Vida es ser la compañía líder en comunicación cristiana que satisfag
las necesidades de las personas, con recursos cuyo contenido glorifique al SEÑOR Jesucristo
promueva principios bíblicos.

DAVID Y LA GRAN VICTORIA DE DIOS
David and God's Giant Victory
Edición bilingüe
Publicada por
Editorial Vida – 2011
Miami, Florida

Texto en español
Copyright © 2011 por Zondervan
Originally published in the USA under the title:
    DAVID, God's Giant Victory
Copyright © 2010 by Zondervan
Illustrations © 2010 by Dennis G. Jones
Published by permission of Zondervan, Grand Rapids, Michigan.
All rights reserved
Further reproduction or distribution is prohibited.

Traducción: *Kerstin Anderas-Lundquist*
Edición: *Madeline Díaz*
Adaptación diseño interior: *Eugenia Chinchilla*
Directora de arte y diseño: *Sarah Molegraaf*

ISBN: 978-0-8297-5843-6

CATEGORÍA: NIÑOS/APRENDIENDO A LEER/GENERAL

HECHO EN CHINA
MADE IN CHINA

11 12 13 14 15 ❖ 7 6 5 4 3 2 1

DAVID
y la gran victoria de Dios
David and God's Giant Victory

Ilustraciones de Dennis G. Jones
pictures by Dennis G. Jones

Hace mucho tiempo, los ejércitos de los israelitas y los filisteos estaban listos para la guerra.
Había un hombre muy grande en el ejército de los filisteos.

A long time ago, the Israelite army and the Philistine army were ready to fight. There was a very big man in the Philistine army.

Su nombre era Goliat.
Goliat medía tres
metros de alto.
Era un hombre muy,
muy fuerte.
¡El ejército de los
israelitas le tenía miedo!

His name was Goliath.
Goliath was nine
feet tall.
He was very,
very strong.
The Israelite army
was filled with fear!

Los hermanos de
David estaban en el
ejército israelita.
El papá de ellos, Isaí, le
pidió a David que le llevara
comida a sus hermanos.
David fue también para
saber cómo ellos se
encontraban.

David's brothers
were in the Israelite army.
Their father, Jesse, told
David to bring them food.
David went to check on
his brothers too.

David les llevó comida
a sus hermanos.
Él oyó a Goliat desafiar
a los israelitas para que
enviaran a un hombre a
pelear con él.
Goliat gritaba: «¡Escojan
a uno de sus soldados para
que pelee conmigo!».
Nadie salía a pelear.
Los soldados israelitas
estaban asustados.

David brought food
to his brothers.
He heard Goliath dare
the Israelites to send a
man to fight with him.
Goliath shouted, "Choose
one of your men to
face me!"
No one stepped forward.
The Israelite army was
scared.

¡Pero David no tenía miedo!
Él confiaba en que Dios
lo cuidaría.
«¿Quién se cree Goliat
que es?», preguntó David.
Saúl, el rey de los israelitas,
oyó hablar de David.
Él se sorprendió
de lo que escuchó decir.

But David was not scared!
He trusted God to keep
him safe.
"Who does Goliath think
he is?" asked David.
Saul, the Israelite king,
heard about David.
He was surprised by what
he heard.

«Déjame ir a pelear con Goliat», le pidió David al rey Saúl.
El rey le dijo: «David, eres muy pequeño. ¡No puedes pelear con ese gigante!».

Sin embargo, David sabía que Dios lo cuidaría.
Él había peleado con un león y un oso para proteger a las ovejas de su padre.
David confiaba en que Dios lo ayudaría.

"Let me go fight Goliath," David said to King Saul.
The king said, "David, you are too small.
You cannot fight that giant!"

But David knew God would keep him safe.
He fought a lion and a bear to protect his father's sheep!
David trusted God to help him.

«Ve a pelear con el gigante.
¡Y que Dios te acompañe!»,
le dijo el rey Saúl a David.
El rey le dio a David su
armadura, su casco y una
espada.
Pero todo era demasiado
grande para David.

"Go and fight the giant.
God be with you,"
King Saul said to David.
Then he gave David his
armor, helmet, and a
sword.
But everything was too big
for David to use.

David se quitó la armadura.
Dejó la espada de Saúl
sobre el suelo.
Estaba seguro de que
ganaría la batalla con
Goliat.
David tenía un plan.

David took the armor off.
He left Saul's sword on
the ground.
He knew he could win
the fight with Goliath.
David had a plan.

David confiaba en que
Dios lo cuidaría.
Él oró a Dios pidiéndole
que le diera fuerza.
Entonces David tomó
su honda y fue hasta
un arroyo.

David trusted God
to keep him safe.
He prayed to God
for strength.
Then David took his
slingshot, and he went
to a stream.

David buscó por todo
el arroyo.
Él escogió cinco piedras
lisas para su honda.
Luego las guardó en su
bolsa de pastor.
¡David estaba listo!

David looked all
around the stream.
He chose five smooth
stones for his slingshot.
He put them in his
shepherd's bag.
David was ready!

David se acercó al
gigante llamado Goliat.
Él no tenía ningún miedo.

David approached the
giant man named Goliath.
He was not scared at all.

Aunque Goliat lo miró lleno de ira, David no se asustó.

Even when Goliath looked at him with anger, David was not afraid.

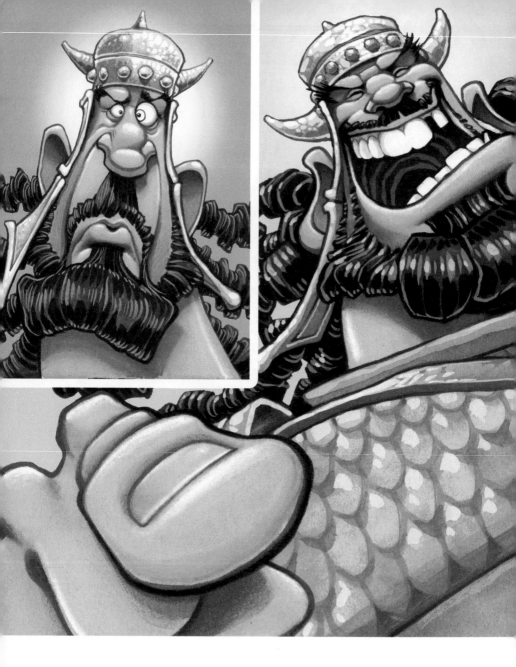

Goliat vio que David era muy joven y pequeño.

Goliath saw that David was young and small.

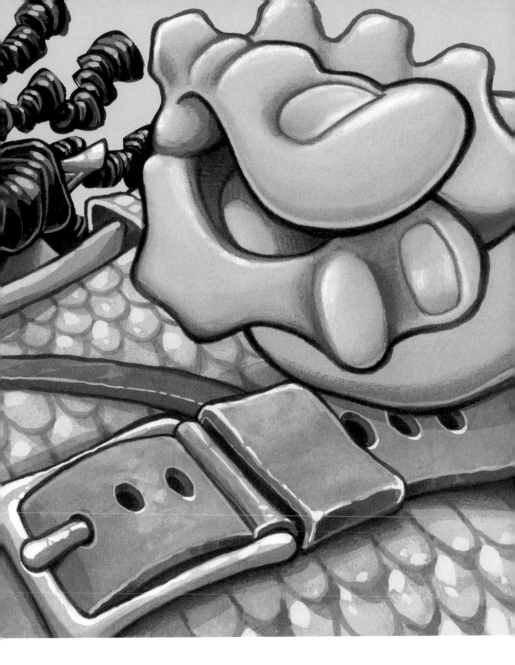

Estaba sorprendido
de que este muchacho
tratara de pelear con él.

He was surprised
that this boy would
try to fight him.

David dijo: «Hoy todo el mundo sabrá que Israel tiene un gran Dios». Él colocó una piedra en su honda.

David said, "Today the world will know there is a great God in Israel." He got his slingshot and stone ready.

David hizo girar su honda.
Él le dio luego otra y
otra vuelta.
Goliat lo miraba muy
enojado.

David whirled it.
David twirled it.
Goliath watched and
was not happy.

¡Zaz!
David le lanzó la piedra a Goliat.
La piedra le dio a Goliat en la frente y el gigante cayó al suelo.

Whoosh!
David slung the stone at Goliath.
The stone hit Goliath on the head, and he fell down.

28

David no necesitaba
una espada, una lanza
o armadura.
David solo necesitaba
la ayuda de Dios.

David did not
need a sword,
a spear, or armor.
David only needed
God's help.

¡David ganó la pelea
contra Goliat!
Él tenía razón.
¡La batalla era
del Señor!

David won the battle
against Goliath!
David was right—
the battle belonged
to the Lord!

David venció a Goliat
con tan solo una honda
y una piedra…

He struck Goliath down
with just a slingshot and
a stone.

¡y el gran amor de Dios! | and God's great love!